納蘭成德

張蔭麟 著

中和出版
OPEN PAGE

出版緣起

我們推出的這套「大家歷史小叢書」，由著名學者或專家撰寫，內容既精專、又通俗易懂，其中不少名家名作堪稱經典。

本叢書所選編的書目中既有斷代史，又有歷代典型人物、文化成就、重要事件，也包括與歷史有關的理論、民俗等話題。希望透過主幹與枝葉，共同呈現一個較為豐富的中國歷史面目，以饗讀者。因部分著作成書較早，思想和主張有作者所處時代的印記，作者行文用語具時代特徵，我們尊重及保持其原貌，不做現代漢語的規範化統一。

中和編輯部

目錄

納蘭成德

納蘭成德，以避嫌諱，改名性德，字容若，號楞伽山人，滿洲正黃旗人。納蘭本作納喇，為金三十一姓之一。明初納喇星懇達爾漢據有庫倫葉赫之地，為部落長，內附於明。其後二百餘年，中國所謂「北關」者，即其地也。六傳至養汲弩，為容若高祖。養汲弩有子三人，其第三子金台什（或作錦台什），為容若曾祖。有女嬪清太祖，生太宗。葉赫故附明，清太祖崛起，陵吞鄰部，與葉赫積不相能。萬曆四十七年（清太祖天命四年，西曆紀元一六一九年）遂滅之，金台什死焉。金台什二子德勒格、尼雅哈（或作倪迓韓）降滿。太祖憫之，厚植其宗，俾延世祀。尼雅哈任佐領，屢從征有功，世祖定鼎燕京，予騎都尉世職，順治三年（西曆一六四六年）卒。長子振庫襲，其次子明珠，即容若父也。容若母為愛新覺羅氏，其家世不詳。（本節據《國朝耆獻類徵》初篇九，採國史《明珠傳》，徐乾學《澹園全集》卷三十一《納喇君神道碑文》、又卷二十七《納蘭君墓誌銘》，韓菼《有懷堂文稿》卷十四《納蘭君神道碑》、又卷二十一《祭成容若同年文》。）

容若以順治十一年十二月（是年十二月朔，當西曆一六五五年一月八日）生於北京。（此據徐乾學《墓誌銘》。《續疑年錄》作順治十二年，誤。）時明珠年甫二十。容若為明珠長子（此據徐撰《墓誌》及《嘯亭雜錄》卷九），有兩弟，今僅知其一名揆敘，字愷功，少容若二十歲。（查慎行《敬業堂集》卷十七《愷功將有塞外之行，邀余重宿郊園，賦此志別》中云：「憶子從我遊，翩翩富詞章。十三見頭角，已在成人行。」而慎行之初館明珠家，據《本集》卷八《〈人海集〉序》，乃在康熙丙寅。以此推之，愷功少容若二十歲。）容若十七歲以前之事跡，除下列一類籠統之考語外，別無可稽。

（一）韓菼《神道碑》：自少已傑然見頭角，喜讀書，有堂構志，人皆曰宮傅有子。

（二）徐乾學《墓誌銘》：君自齠齔，性異恆兒。背誦經史，常若夙習。

（三）徐乾學《神道碑》：自幼聰敏，讀書一再過，即不忘。善為詩，在童子已出驚人之句。（中略）數歲即善騎射。

綜觀之，容若蓋自幼已敏慧逾恆，喜讀書，有遠志。諷習經史，尤嗜詩歌，斐然有作。讀書之外，兼習騎射。在此十七年中，明珠方騰達宦場。明珠始官侍衛，繼授鑾儀衛治儀正，遷內務府郎中。任此諸職之起訖年，今不可詳。康熙三年（時容若十歲）擢內務府總管，五年授弘文院學士，六年充《世祖實錄》副總裁，七年奉命察閱淮揚河工，旋遷刑部尚書，八年改都察院左都御史，十年二月充經筵講官，十一月復遷兵部尚書。明珠性格，蓋精明果敢，第乏學術，故使權招賄，無殊於尋常顯吏。此七年中，其興革之見於史書者，惟康熙十年八月奏停巡鹽御史遍歷州縣之例一事而已。（《耆獻類徵》採國史館《本傳》）然明珠頗知親附風雅（《熙朝雅頌》卷二有《明珠湯泉應制詩》一首，苟其不出捉刀，則明珠亦親翰墨者也），結交詞臣，延納名士，一時江南以才華顯著之文匠、騷人、詞客、學者，罕有不先後為其座上之賓。故後世《紅樓夢》索隱家，致有以十二金釵為指明珠館中所供養之名士者焉。此固半緣於容若與彼輩聲氣之相投，然使非明珠好客禮賢，一世倜儻，嶔奇之士曷能容身於其館第。以明珠崇尚風雅，當容若少時，或頗注意其學業。觀其後此館查慎行於家，使課其次子若孫而可知也。

明珠邸宅，蓋在內城西北。（《宸垣識略》卷八，內城西北屬正黃旗。又《敬業堂集》卷八言館明珠家，有移館北門之語。）雖不知其皇麗如何，要當與其豪貴相稱。又於玉泉山之麓營一別墅，名淥水亭（《宸垣識略》卷十四）。容若於其中讀書館客焉。淥水亭景物之勝，試讀以下之詩詞而可想見：

（一）朱彝尊《台城路．夏日飲容若淥水亭》（《曝書亭集》卷二十六）

一灣裂帛湖流遠，沙堤恰環門徑。岸划青秧，橋連皂莢，慣得游驄相並。林淵錦鏡，愛壓水亭虛，翠螺遙映。幾日溫風，藕花開遍鷺鷀頂。　不知何者是客，醉眠無不可，有底心性。砑粉長箋，翻香小曲，比似江南風景，算來也勝。只少片天斜樹頭帆影。分我魚磯，淺莎吟到暝。

（二）嚴繩孫《淥水亭觀荷》（《秋水詩集》卷四）

久識林塘好，新亭愜所期。花底隨燕掠，波動見魚吹。涼氣全侵席，輕陰尚覆池。茶瓜留客慣，行坐總相宜。遠見簾纖雨，都隨斷續雲。漬花當徑合，添漲過城分。樹杪驚殘角，鷗邊逗夕曛。漁歌疑可即，此外欲何聞。宮雲濕更浮，清漏接章溝。抗館煙中遠，疏泉天上流。銀鞍臨水映，金彈隔林收。多謝門前客，風塵刺漫投。碧瓦壓堤斜，居人半賣花。卻思湖上女，並舫折殘霞。蘸綠安帆幅，搴紅捲袖紗。空留薜蘿月，應識舊漁家。

（三）姜宸英《淥水亭送張丞》（《葦間詩集》卷三）

憶過桑乾別業時，禁城寒食柳絲絲。行看籬落參差影，開到杏花三兩枝。落照村邊逢獵騎，清流石上對圍棋。（下略）

此林泉幽秀之地，實容若大部分生活之背景也。

康熙十年，容若年十七，補諸生，讀書國子監。時崑山徐元文為祭酒，深器重之，謂其兄乾學曰「司馬公子，非常人也」。次年秋八月，舉順天鄉試。主考官為德清蔡立齊，副主考官為徐乾學，他日徐之自述曰：「余忝主司宴，（容若）於京兆府偕諸舉人拜堂下，舉止閒雅。越三日，謁余邸舍，談經史原委及文體正變，老師宿儒，有所不及。」乾學與明珠接近，此後容若遂師事之。

容若完婚之年，諸碑傳俱無可徵，亦不見別記。其詞《浣沙溪》有一闋云：

十八年來墮世間，吹花嚼蕊弄冰弦，多情情在阿誰邊？
紫玉釵頭燈影背，紅綿粉冷枕函偏，相看好處卻無言。

據此，則容若在十八歲時已有閨中之友，惟不知其成婚是否即在此年，抑在此年以前，又前若干時。容若所娶，乃兩廣總督盧興祖（鑲白旗人，康熙六年卒。《耆獻類徵》卷一五二有傳）之女，雖非翰墨之友，然相愛極篤，讀上引一詞已可見。蓋容若生性浪漫，肫厚懇摯，善感多情。其對幼弟，對朋友，對素不相識之人，猶且「竭其肺腑」（徐乾學語），而況於夫婦之間乎！讀飲水詩詞，其伉儷間之柔情蜜意、雅趣逸致，隨處流露。玆摘引數則，以見其概：

紅藥闌邊攜素手，暖語濃於酒。盼到園花鋪似繡，卻更比春前瘦。（《回犯令》下半闋）

夕陽誰喚下樓梯，一握香荑，回頭忍笑階前立。總無語，也相宜。（《落花時》上半闋）

花徑裡，戲捉迷藏，曾惹下蕭蕭井梧葉。（《琵琶仙·中秋》）

水榭同攜喚莫愁，一天涼雨晚來收。戲將蓮菂拋池裡，種出花枝是並頭。（《四時無題詩》之七）

露下庭柯蟬響歇。紗碧如煙，煙裡玲瓏月。並着香肩無可

說，櫻桃暗吐丁香結。　笑捲輕衫魚子纈。試撲流螢，驚起雙棲蝶。瘦盡玉腰沾粉葉，人生那不相思絕。（《臨江仙．夏夜》）

最憶相看，嬌訛道字，手剪銀鐙自撥茶。（《沁園春》句）

芭蕉影斷玉繩斜，風送微涼透碧紗。記得夜深人未寢，枕邊狼藉一堆花。（《別意》之四）

挑鐙坐，坐久憶年時。薄霧籠花嬌欲泣，夜深微月下楊枝。催道太眠遲。（《憶江南》上半闋）

容若《沁園春》詞有一闋自序云：

丁巳重陽前三日，夢亡婦澹妝素服，執手哽咽，語多不復能記，但臨別有云：「銜恨願為天上月，年年猶得向郎圓。」婦素未

工詩，不知何以得此也。（下略）

據此，則是時（康熙十六年）容若已賦悼亡。惟盧氏究卒於何年耶？容若悼亡詞之有時間關係可考者，其中有一首云：

謝家庭院殘更立，燕宿雕梁，月度銀牆，不辨花叢那辧香。
此情已自成追憶，零落鴛鴦，雨歇微涼，十一年前夢一場。
（《採桑子》）

就本文可知此詞作於盧氏卒後十一年，而此詞之作最遲不能後於容若逝世之年，故盧氏之卒，最遲不能後於容若卒前十一年，即不能後於康熙十三年甲寅，時容若年二十。又《金縷曲》（《亡婦忌日有感》）一詞中有「滴空階寒更雨歇，葬花天氣」之句，則盧氏之卒乃在暮春。上舉之《沁園春》中有「幾年恩愛」之句，可見其自結婚至悼亡之間，有「幾年」之久。上文言容若之結婚不知其是否即在十八歲，由今觀之，若假定其為十八歲，則自十八歲至二十歲之春，至多不過兩年，容若不當云幾年恩愛。然結婚過早又不類，大略以十六七為近。假定如此，又就最低限度，假定「幾年」為三年，則容若悼亡，當在十九與二十歲之間也。現在大略可推測者如此，須俟他日新發現材料之證實。今可確知者，容若與盧氏之同居生活，為期不過數年。綺夢之促，比似曇花；繾綣之心，忽然失寄。其傷痛之深、思念之苦，不待言矣。容若悼亡之詞甚夥，皆纏綿慘惻，今不具引。但讀其「迴廊一寸相思地，落月成孤倚。背燈和月就花陰，已是十年蹤跡十年心」及「零落鴛鴦，雨歇微涼，十一年前夢一場」諸句，懷念之心，十餘年如一日，其相愛之摯可見。盧氏死後，容若續娶官氏，不知其事在何年。然「鸞膠縱續琵琶，問可及當年綠萼華」，「知否那人心，舊恨新歡相半。誰見，誰見，珊枕淚痕紅泣」。然容若對後妻似亦有相當情愛，觀其行役思閨之作而可知也。

容若雖出貴盛之家，生長紈綺之叢，卻不慕榮華，不事享樂，若戚戚然於富貴而以貧賤為可安者。身在高門廣廈，常有山澤魚鳥之思。其所自述，則「曰余餐霞人，簪紱忽如寄」（《擬古》之一），「僕亦本狂士，富貴輕鴻毛」（《野鶴吟贈友》）。其居處也，「閒庭蕭寂，外之無掃門望塵之謁，內之無裙屐絲管呼盧秉燭之遊。每夙夜寒暑休沐定省片晷之暇，（輒）遊情藝林」。（嚴繩孫《秋水文集》卷一《成容若遺集序》）初尤致力詞章，詩摹開元大曆間風格。嘗輯全唐詩選，尤喜長短句，自唐五代以來諸名家詞，皆有選本。獨好觀北宋以上之作，不喜南渡諸家，嘗以洪武韻改併聯屬，名《詞韻正略》。以詞為詩體正宗，刻意製作。其論詞也，曰：

詩亡詞乃興，比興此焉託。往往歡娛工，不如憂患作。……芒鞋心事杜陵知，只今惟賞杜陵詩。古人且失風人旨，何怪俗眼輕填詞。詞源遠過詩律近，擬古樂府特加潤。不見句讀參差三百篇，已自換頭兼轉韻。（《飲水詩集》卷上填詞）

近人有謂蘇、辛始以詞作新體詩，然蓋皆未嘗自覺者。自覺的以詞作新體詩，當推容若為首也。容若詞初印行者名《側帽詞》，不知刊於何年。其第二次刻本名《飲水詞》，刊於康熙十九年閏三月（榆園叢刻本，顧貞觀序）。吳綺之於此集之序（《林蕙堂文集續刻》卷四載此文，題作《〈飲水詞〉二刻序》，故知此為二次刊本。）中云：

一編側帽，旗亭競拜雙鬟。千里交襟，樂部惟推隻手。吟哦送日，已教刻遍琅玕。把玩忘年，行且裝之玳瑁矣。

則是時《側帽詞》流播極廣，嘗誦一時，其ㄙ初印行之日當頗久。且新製增積，至有重刻之需要，亦須經過頗久之時間。約略推之，《側帽詞》之刻，當去容若鄉舉後不遠。據阮吾山《茶餘客話》所載：

吳漢槎（兆騫）戍寧古塔，行笥攜徐電發（釚）《菊莊詞》、成容若（德）《側帽詞》、顧梁汾（貞觀）《彈指詞》三冊。會朝鮮使臣仇元吉、徐良崎見之，以一金餅購去。……良崎題《側帽》、

《彈指》二詞云：「使事昨渡海東邊，攜得新詞二妙傳。誰料曉風殘月後，如今重見柳屯田。」以高麗紙書之，寄來中國。《漁洋續集》有「新傳春雪詠。蠻徼織弓衣」，指此。

按其涉及《側帽詞》之事必有誤。吳兆騫之戍寧古塔，乃在順治十六年閏三月。（看吳兆騫《秋笳集》卷四，又孟森《心史》叢刊一集《科場案篇》。）時容若才五歲，兆騫安得攜其《側帽詞》也？（以上除注明出處者外，餘皆據徐乾學《墓誌銘》及韓菼《神道碑》。）

容若於詩詞外，又工書法。摹《褚河南臨本褉帖》，間出入於《黃庭內景經》。亦好羅聚故籍，評鑒書畫，間以意製器，多巧倕所不能及。居恆慕趙孟頫之生平，為詩曰：

吾憐趙松雪，身是帝王裔。神采照殿庭，至尊歎昳麗。少年疏遠臣，侃侃持正議。才高興轉逸，敏妙擅一切。旁通佛老言，窮探音律細。鑒古定誰作，真偽不容諦。亦有同心人，閨中金蘭契。書畫掩文章，文章掩經濟。得此良已足，風流渺難繼。（《擬古》之三十九）

蓋半自傳而半自期許也。嘗讀趙松雪《自寫照詩》有感，即繪小像，仿其衣冠。坐客或期許過當，弗應也。徐乾學謂之曰「爾何酷似王逸少」，心獨喜之。（徐乾學《墓誌銘》）

康熙十二年癸丑，容若年十九，會試中試，以患寒疾，不及廷對。（《通志堂經解》卷首載乾隆五十年二月二十九日上諭，謂容若「癸丑科中式進士，年甫十六」。蓋據冊籍填寫之縮減耳。）於是益事「經濟」

之學，用力於《通鑒》及古文詞。約自是年始，容若漸在「文人」社會中露頭角，漸與當世才人交結。是時「文人」社會之狀況為何如耶？明遺民中之巨子，若顧炎武、黃宗羲、王夫之、魏禧等尚健在，然皆入山惟恐不深，罕與市朝相接。貳臣則「江左三大家」（錢謙益、吳偉業、龔鼎孳）之文彩猶照映詩壇。其年輩稍晚者，則首推「江南三布衣」（朱彝尊、姜宸英、嚴繩孫），名滿公卿，上動宸聽。詩則王士禎主盟壇坫。詞則徐釚、顧貞觀之作海外爭傳。駢儷則陳維崧、吳綺以雄放纖柔相頡競。此外卓然名家者，若汪琬、邵長蘅等之於古文，施閏章、宋琬、吳雯、梁佩蘭、吳兆騫之於詩，彭孫遹、秦松齡、李雯等之於詞，未易悉數。上舉諸人中，顧貞觀（梁汾）、嚴繩孫（蓀友）、姜宸英（西溟）後此成為容若之密友。其次秦松齡（對岩）、朱彝尊（錫鬯）、陳維崧（其年）亦與容若有交誼。此外如王士禎（貽上）、吳綺（薗次）、吳雯（天章）、梁佩蘭（藥亭）則皆嘗為其坐上賓，與有酬唱之雅焉。其營救吳兆騫，則後世傳為佳話者也。蓋容若虛懷好客，肝膽照人，於單寒羈孤、侘傺困鬱、守志不肯悅俗之士，咸能折己禮接之，生館死殯，於資財無所吝惜。其或未一造門，而聞聲相思，必致之乃已。故海內風雅知名之士，樂得容若為歸，藉之以起者甚眾。

是年（康熙十二年）始交嚴繩孫、朱彝尊。時嚴不過生員，朱則布衣也。繩孫此後之自述曰：

始余與容若定交，年未二十，才思敏異，世未有過者也。

（《秋水集》卷二《〈成容若遺集〉序》）

又曰：

余始以文章交於容若。時容若方舉禮部，為應世之文。（《秋水集》卷二《成容若哀辭》）

彝尊此後之自述曰：

往歲癸丑，我客潞河。君年最少，登進士科。伐木求友，心期切磋。投我素書，懿好實多。改歲月正，積雪初霽。紉履布衣，訪君於第。君情歡劇，款以酒劑。命我題扇，炙硯而睇。是時多暇，暇輒填詞。我按樂章，綴以歌詩。剪綃補衲，他人則嗤。君為絕倒，百誦過之。（《曝書亭集》卷八十《祭納蘭侍衛文》）

可見其初交時之情況。容若嘗構一曲房，題其額曰：鴛鴦社，屬繩孫書之。（《修竹吾廬隨筆》）

同年（癸丑）五月，容若所作《通志堂經序》中有「向余屬友人秦對巖（松齡）、朱竹垞購諸經籍藏書之家」之語，則是年已識秦松齡，惟不知是否自是年始耳。《通志堂經解》者，乃唐宋經注之彙刻，據徐乾學序，乃彼悉其兄弟家藏本，覆如校勘。更假秀永曹秋岳、無錫秦對岩、常熟錢遵王、毛斧季、溫陵黃喻邵及竹垞家藏舊版書若抄本，釐擇是正。……謀雕版行世。門人納蘭容若尤慫恿是舉，捐金倡始，同志群相助成。

容若序亦謂：

先生（乾學）乃盡出其藏本，示余小子曰：「是吾三十年心力所擇取而校定者。」余且喜且愕，求之先生，鈔得一百四十四種。……請捐資經始，與同志雕版行世，是吾志也。

是則容若原未嘗以校訂之功自居，乾學亦未嘗以此歸之容若。而乾隆五十年二月二十九日上諭，乃指乾學校刊此書而託之容若，為之市名，以要結權貴，則於原書之首數頁尚未一檢，而信口加罪，其昏瞶有如是也。據上引二序，則校訂之力，全出乾學。惟伍崇曜（實譚瑩代作）《粵雅堂叢書》本《通志堂經解》目錄跋云「《經解》其（容若）所刻，而健庵（乾學）延顧伊人（湄）校定者」，不知何據。（此文寫成後，檢知其據《八旗通志．藝文志》。）其或然歟？全書凡一百若干種，其中有容若敘文者約六十種。據徐乾學序，此書之雕印「經始癸丑，逾二年訖工」。然容若於各序文之記年，無在丙辰及丁巳之外者。

豈書先刻成，然後作序歟？抑上引二語，乃乾學經始時之預算，而非事實歟？後說殆近。

當容若輩流連文酒之歡，議論鉛槧之事，正南徼風雲飆起之時。此後擾攘十年始已。是年三月，鎮廣東之平南王尚可喜請撤藩歸遼東，吳三桂、耿精忠亦以是請。下議政大臣、九卿等議，多謂吳三桂久鎮雲南，不可撤。獨明珠與戶部尚書朱司翰、刑部尚書莫洛等堅持宜撤，詔從其議，立下移藩之諭。已而吳三桂兵起，廷臣爭咎首謀者。上曰：「此出朕意，伊等何罪？」蓋帝久有削滅諸藩之決心，明珠等之議適符其意也。十四年，明珠調吏部尚書。十五年（丙辰）耿精忠降，三藩已有敉平之望。以明珠主張撤藩稱昜，授武英殿大學士。

是年容若應殿試，名在二甲，賜進士出身，旋授三等侍衛。後由二等擢至一等侍衛。自是年後，簪纓羈身，「值上巡幸，時時在鉤陳豹尾之間。無事則平旦而入、日晡未退以為常」。（《〈成容若遺集〉序》，《秋水文集》卷一）即在休暇，亦旦夕有「正欲趨庭被急宣」（姜宸英贈容若句，《葦間詩集》卷三）之事，不復如前之逍遙自在矣。是年始友顧貞觀。時貞觀已舉順天鄉試。先是以龔芝麓為之延譽，名聲大起。據其同時人徐釚《詞苑叢談》所言：

> 顧梁汾舍人風神俊朗，大似過江人物。無錫嚴孫友詩「曈曈曉日鳳城開，才是仙郎下直回。絳蠟未銷封詔罷，滿身清露落宮槐」，其標格如此。

顧自述曰：

歲丙辰，容若年二十二，乃一見即恨識余之晚。閱數日，即填此曲，為余題照。(《彈指詞》卷下《〈金縷曲〉自注》)

此曲即《金縷曲》，其詞曰：

德也狂生耳。偶然間，緇塵家國，朱衣門第。有酒惟澆趙州土，誰會成生此意？不信道竟逢知己。痛飲狂歌俱未老，向尊前拭盡英雄淚。君不見，月如水。

與君此夜須沉醉，且由他蛾眉謠諑，古今同忌。身世悠悠何足問，冷笑置之而已，尋思起從頭翻悔。一日心期千劫在，後身緣恐結他生裡。然諾重，君須記。

讀此可見容若之性情與氣概焉。據徐釚《詞苑叢談》，此詞都下競相傳寫。於是教坊歌曲，無不知有《側帽詞》者。貞觀之和作，亦極慷慨纏綿之致，茲並錄如下：

且住為佳耳。任相猜，馳箋紫閣，曳裾朱第。不是世人皆欲殺，爭顯憐才真意。容易得一人知己。慚愧王孫圖報薄，只千金當灑平生淚。曾不值，一杯水。

歌殘擊筑心逾醉，憶當年侯生垂老，始逢無忌。親在許身猶未得，俠烈今生已矣，但結託來生休悔。俄頃重投膠在漆，似曾相識屠沽裡。名預籍，石函記。

容若友朋中，以與貞觀為情誼最深。貞觀有摯友吳兆騫，亦江南才士也，以科場案被累，戍寧古塔。是年冬，貞觀為《金縷曲》二闋，代書寄之，以稿示容若。其詞曰：

季子平安否？便歸來，生平萬事，那堪回首？行路悠悠誰慰藉，母老家貧子幼。記不起從前杯酒。魑魅搏人應見慣，總輸他覆雨翻雲手。冰與雪，周旋久。

淚痕莫滴牛衣透，數天涯依然骨肉，幾家能彀？比似紅顏多命薄，更不如今還有，只絕塞苦寒難受。廿載包胥承一諾，盼烏頭馬角終相救。置此札，兄懷袖。

我亦飄零久。十年來，深恩負盡，死生師友。宿昔齊名非忝竊，只看杜陵窮瘦。曾不減夜郎僝僽。薄命長辭知己別，問人生到此淒涼否？千萬恨，為兄剖。

兄生辛未吾丁丑。共些時，冰霜摧折，早衰蒲柳。詞賦從今須少作，留取心魂相守，但願得河清人壽。歸日急繙行戍稾，把空名料理傳身後。言不盡，觀頓首。

貞觀之自述曰：

二詞容若見之，為泣下數行，曰：「河梁生別之詩，山陽死友之傳，得此而三。（《嘯亭雜錄》卷九作『都尉河橋之作、子荊楚雨之吟，並此而三矣』。）此事三千六百日中，弟當以身任之，不俟兄再囑也。」余曰：「人事幾何？請以五載為期。」懇之太傅，亦蒙見許。而漢槎果以辛酉入關矣。

明珠許救漢槎之事，據《隨園詩話》所記如下：貞觀之請救漢槎也。明珠方宴集，坐間手巨觥，引滿，謂貞觀曰：「若飲此，為救漢槎。」一貞觀素不飲，至是一爵而盡。明珠壯之，笑曰：「余戲耳。君即不飲，余豈即不救漢槎耶？」又傳：「兆騫得釋歸，因詣明珠謝。留府中，閒行入一室，上書一行曰『顧梁汾為吳漢槎屈膝處』。」（據楊壽枏《貫華叢錄》引劉繼增《顧梁汾詩傳》）此一事可見明珠、容若及顧貞觀之性格，故備載之。

康熙二十年辛酉十二月，姜宸英始至京師（《葦間詩集》卷三）。其識容若，當在是時。方苞記姜西溟遺言云：

康熙丙子（時容若歿已十一年）同西溟客天津。將別之前，撫余（方苞）背而歎曰：「吾老矣，會見不可期。吾自少常恐為

《文苑傳》中人，而蹉跎至今。他日誌吾墓，可錄者三事耳：（其一）吾始至京師，明氏之子成德延至其家，甚忠敬。一日進曰：『吾父信我，不若信吾家某人。先生一與為禮，所欲無不得者。』吾怒而斥曰：『始吾以子為佳公子，今得子矣。』即日捲書裝，遂與絕。」

全祖望《姜宸英墓表》所記，則視此較詳而稍異。其言曰：

杨臣（明珠）有長子，多才，求學先生。杨臣以此頗欲援先生登朝。杨臣有幸僕曰安三，勢傾京師，內外官僚多事之。……欲先生一假借之而不得。杨臣之子乘間言於先生曰：「家君待先生厚，然而卒不得大有佽助。某以父子之間亦不能為力者，何也？

蓋有人焉。願先生少施顏色，則事可立諧。某亦知斯言非可以加之先生，然念先生老，宜降意焉。」先生投杯而起曰：「吾以汝為佳兒也，不料其無恥至此。」絕不與通。於是枋臣之子百計請罪於先生，始終執禮。而安三聞之恨甚。（《文獻徵存錄》卷二所載與此同，而較略。）

比觀方、全二氏之記載，有微異者二處：（一）全氏所記容若之進言，視方記為婉轉。（二）方記所示，似宸英一怒遂與容若永絕也者。惟據全表，則此後二人尚有往來。按關於後一點，全表為信。宸英《葦間詩集》卷三有《哭亡友容若侍衛》四首，中有云「平生知己意，惟有淚懸河」。又於其死前一年，有《容若從駕還，值其三十初度，席上書贈》六首，則終容若之世，二人友誼如故也。宸英一生轗軻，讀容若投贈之詞，所以慰藉之者良厚，宜乎其有知己之感。雖然，宸英拒容若之勸，宜也。以此拂袖行，矯矣。為身後之名，不惜特彰摯友之失，且欲抹殺其以後之友誼焉（假設方苞所記為信）。吾有以知此自少即希為《文苑傳》中人者之品格矣。

嚴繩孫言，容若「丙辰以後，傍覽百氏」。（《成容若哀辭》）今觀《通志堂經解》中五十餘種之序錄，皆丙辰及丁巳兩年間所作。容若除草《經解》序外，又從事經學之著作。丁巳二月，輯成《合訂刪補大易集義粹言》八十卷。是書乃取宋陳友文《大易集義》及方聞一《大易粹言》合輯之。二書皆薈萃宋儒之《易》說。《集義》原書只有上下經，《粹言》兼具經傳。惟《集義》所採摭，視《粹言》多十一家。容若因將二書合併，去其重複繁蕪，又採十一家著作中論《繫辭》諸傳，為《集義》所未採者補之，「間以臆見、考其原委」（自序）。此書今刻《通志堂經解》中。《四庫全書總目提要》（卷六）謂此書「相傳謂其稿本出陸元輔。性德歿後，徐乾學刻入《九經解》中，始署性德之名，莫之詳也」。了按此綴輯之事，原屬易易，宜為容若之智力所優為。至若移錄原文，搜尋資料，或假門客之助，原非異事。若謂其純出捉刀，吾不信也。容若又有《陳氏〈禮記集說〉補正》三十八卷，刻《通志堂經解》中，前後無序跋，度亦作於此兩年前後。此書乃

> 因（宋）陳澔《禮記集說》疏舛太甚，乃為條析而辨之。凡澔所遺者謂之補，澔所誤者謂之正。皆先引經文，次列澔說，而援引考證以著其失。其無所補正者，則經文與澔說並不載焉。頗採宋、元、明人之論，於鄭注、孔疏亦時立異同。大抵考訓詁、名物者十之三四，辨義理是非者十之六七。以澔注多主義理，故

隨文駁詰者亦多也。凡澔之說，皆一一溯其本自何人，頗為詳核。……凡所指摘，中者十之七八。（《四庫全書總目提要》卷二十一）

康熙十七年三月（容若二十四歲），嚴繩孫在吳中，與吳綺共訂定容若詞集刻之，名《飲水詞》（《嚴繩孫〈飲水詞〉序》）。十月，清帝巡視北邊（《東華錄》卷七），容若蓋在扈從之列。是年三藩已漸次戡定。清帝懲於此次大亂，知非恩絡一世才智之士，無以服漢人。先是正月二十二日詔曰：

自古一代之興，必有博學鴻儒，振起文運，闡發經史，潤色詞章，以備著作顧問之選。朕萬幾時暇，遊心文翰，思得博洽之士，用資典學。……凡有學行兼優、文詞卓越之人，無論已未出仕者，著在京三品以上及科道官員、在外督撫布按，各舉所知，朕將親試錄用。其餘內外各官，若果有真知灼見，在內開送吏部，在外開報於該督撫代為題薦。務令虛公延訪，期得真才。

（《鶴徵錄》卷首）

此即第一次博學鴻詞之召舉也。次年四月六日，考試既竣，詔取一等二十人、二等三十人。其中容若之友秦松齡、陳維崧、朱彝尊以一等見錄，嚴繩孫以二等見錄，皆授翰林院檢討（嚴、朱本布衣，陳本生員，秦本已革翰林院檢討），纂修明史，留居京師。然容若自官侍衛，日在禁中，罕友朋遊宴之樂。觀朱彝尊《祭文》云：「迢我通籍，簪筆朵殿。君侍羽林，鮫函雉扇。或從豫遊，或陪典宴。雖則同朝，無幾相見。」又徐乾學《墓誌銘》云：「禁庭嚴密，其言論梗概有非外臣所得而知者。」從可想見矣。

康熙二十年（辛酉）三月，清帝幸湯泉（在遵化州西北四十里福泉山下）行宮，明珠及容若皆扈從，並有應制詩。是年冬，滇師告捷，內亂全息。次年正月上元夜，清帝舉行大慶祝，歡宴群臣。據嚴繩孫《昇平嘉宴詩記》（《秋水文集》卷二）云：

十四日，賜宴乾清宮。日小遷，諸臣候宮門之外。……少焉，宮門洞啟，雁行序進升階，聞教坊樂作。天子乃登黼座，諸臣叩首就列。時圓月始上，萬炬畢陳。陛立雙盤龍柱，高殆數丈，周懸五彩角燈，相續至地，流蘇珠綴，天風微引，使人眩視。自墀歷陛，御道中屬文石欄楯，皆綴燈於柱端，上列鰲山。御屏之後，見山川人物，隱若海市。頃之，大學士明珠起進酒為壽。樂作，上飲畢，遂酌以賜明珠。……（以下遍賜與會諸臣）……於是梨園奏陽春布令之曲，重農事也。終兩闋，上命臣英諭諸臣無廢言笑，於是執法罷糾，上下和暢。俄聞樂作於內，鰲山機轉，帆檣人馬，不運而馳。遂詔大臣更上縱觀，因復命酒遍賜如前。夜分月午，群臣皆醉。

「內庭之宴，前此未有」。（同上）容若父子同預其盛，一時紛張眩異之情狀，可想見焉。二月，清帝以雲南底定，詣盛京陵寢告祭，癸巳啟行（《東華錄》卷七）。容若隨駕，徐乾學有詩贈別（《澹園集》卷八）。五月辛亥回京（《東華錄》卷八）。「秋奉使覘梭龍（疑即索倫）羌，道險遠，君間行疾抵其界，勞苦萬狀，卒得其要領還報。」（韓菼

《神道碑》）因作《出塞圖》紀念其事，姜宸英為題詩其上（詩見《葦間詩集》卷三）。及梭龍諸羌輸誠，已在容若歿後旬日。清帝念其有勞於是役，遣宮使拊其几筵，哭而告之。此是後事（徐乾學《墓誌銘》）。是時，明珠為清帝最寵信之人，廷議大抵以明珠之意見為主。「時詔重修太祖、太宗《實錄》，乃編纂《三朝聖訓》、《聖治典訓》、《平定三逆方略》、《大清會典》，皆以明珠為總裁官。兩遇《實錄》造成，加太子太傅，晉太子太師。」（國史館本傳）位既極乎人臣，權遂傾於中外。惜明珠未嘗憑此機遇，為福民利國之謀，惟植勢斂賄，以遂私慾。據康熙二十七年正月御史郭琇劾疏，所舉明珠「背公營私實跡」如下：

（一）凡閣中票擬，俱由明珠指麾，輕重任意。……皇上聖明，時有詰責，乃漫無省改。

（二）明珠凡奉諭旨，或稱其賢，則向彼云由我力薦；或稱其不善，則云上意不喜，吾當從容挽救，且任意增添，以示恩立威，因而結黨群心，挾取貨賄。至於每日啟奏畢，出中左門，滿漢部院諸臣及其心腹，拱立以待，皆密語移時，上意無不宣露。部院衙門稍有關係之事，必請命而行。

（三）靳輔與明珠、余國柱交相固結，每年糜費河銀，大半分肥。

（四）科道官有內升出差者，明珠、余國柱悉皆居功要索。至於考選科道，即與之訂約，凡有本章，必先行請問，由是言官多受其制。

（《東華錄》卷八）

他日傾躓之因，已預伏矣。然明珠所為，亦不過古今尋常肉食者之慣例，初非窮兇大憝，亦未嘗為殘賊人道之事，未可與嚴嵩、魏忠賢等同日語也。

後世讀《飲水集》者，莫不訝容若「貂珥朱輪，生長華膴，而其詞則哀怨騷屑，類憔悴失職者之所為」。（楊芳燦《〈飲水詞〉序》，見榆園叢刻本）而容若自述亦曰：

余生未三十，憂愁居其半。心事如落花，春風吹已斷。行當適遠道，作計殊汗漫。寒食青草多，薄暮煙冥冥。山桃一夜雨，茵箔隨飄零。願餐紅玉草，一醉不復醒。（《擬古》之十三）

又曰：

冬郎一生極憔悴，判與三閭共醒醉。美人香草可憐春，鳳蠟紅巾無限淚。（填詞）

其他類此之悲歌尚眾，豈皆無病而呻吟哉？據其摯友嚴繩孫所記：

（己丑）歲四月（距容若卒前一月）余以將歸，入辭容若。時座無餘人，相與敘生平之聚散，究人事之終始，語有所及，愴然傷懷。久之別去，又返我於路，亦終無所復語。然觀其意，若有所甚不釋者。（《秋水文集》卷二《成容若哀辭》）

可見其中心確有難言之悲楚矣。今讀書而想見其為人，蓋其心境之愴惻，厥有三故：生性之多情善感，一也；愛情之摧挫，二也；理想與實現之衝突，三也。所謂理想與實現之衝突，又有二事。其（一）容若具浪漫性格，愛自由，愛閒逸，而其所官侍衛（換言之，即皇帝跟班）卻為最不自由、最戕滅個性之奴隸職，苦可知矣。此觀其《野鶴吟贈友》

而可證：

鶴本生自野，終歲不見人。朝飲碧溪水，暮宿滄江濱。忽然被矰繳，矯首望青雲。僕亦本狂士，富貴鴻毛輕。銜舉道無由，幡然逐華纓。動止類循牆，戢身避高名。憐君是知己，習俗共不更。安得從君去，心同流水清。

其（二）容若一生高潔，慕善親賢，而目睹其父所為，齷齪苟且，黑幕重重，而又無從規諫（觀上述安三之事可見），更無從匡救，曷能無恫於中？嚴繩孫云：

容若年甚少，於世無所措意。既而論文之暇，亦間語及天下事，無所隱諱。頃歲以來，究物情之變態，輒卓然有所見於其中。或經時之別，一再接其緒論，未嘗不使人爽然而自失也，蓋其警敏如此。……吾閣師（明珠）……方朝夕綸扉，以身繫天下之望。容若起科目，擢侍殿陛，益密邇天子左右，人以為貴近臣無如容若者。夫以警敏若此，而貴近若此，其夙夜寅畏，視凡人臣之情必有百倍，而不敢即安者，人不得而知也。（《成容若哀辭》）

繩孫為明珠門客，此文又作於明珠炙手可熱之時，其言自多委婉，然其言外之意可得而知也。雖然，容若豈獨憂危慮傾而已哉？抑且其內心有潔污是非之搏戰焉耳。或謂容若別有難言之隱：

《紅樓夢》中之寶玉，相傳為即納蘭成德。黛玉未嫁，何以稱瀟湘妃子？第百十六回言寶玉夢入宮殿，見黛玉非人世服，驚呼林妹妹。傳者謂此王者妃，非林妹妹云云。黛玉不知何許人，蓋與納蘭為表兄妹，曾訂婚約而選入宮，納蘭念之。曾因宮中唪經，納蘭偽為喇嘛僧，入宮相見，彼固不知納蘭之易裝而入也。書中所言蓋謂此。（萬松山房叢書《飲水詩詞集》署名「阿檢」者跋語）

按寶玉影射納蘭之説，根本無據，此傳説之來歷不明。而清代宮禁森嚴，此事本身之可能性極小。凡茲懸測，允宜刊落。顧好事者或將曰：《飲水詞》中，言私情密會，如「情知此後來無計，強說歡期，強說歡期，一別如斯，落盡梨花月又西」等類無題之作甚多，豈能無事實之背景歟？曰：若然，則歐陽修直一蕩子矣。顧吾獨有不解者，《飲水詞》有《浣沙溪》一闋，題作「庚申除夜」（時容若年二十六），當是紀實之作。其辭曰：

> 收取閒心冷處濃，舞裙猶憶柘枝紅。誰家刻燭待春風。
> 竹葉將空翻彩燕，九枝燈灺顫金蟲。風流端合倚天公。

此所憶者為誰？若指前妻耶？則兩廣總督家之閨秀，當非舞女。殆容若悼亡之後，別有所戀而未遂耶？觀其同時人之品評，謂容若「負信陵之意氣，而自隱於醇酒美人。有叔原之詞章，而更妙於舞裙歌扇」。（吳綺《募修香界庵疏》，《林蕙堂集續刻》卷六）竊恐其悼亡以後，所歡必有在妻室之外者也，惟不必牽入宮嬪之事耳。

二十三年壬午九月，清帝南巡，容若扈駕。辛卯啟行，十月庚子，至濟南，觀趵突泉。壬寅至泰安，登泰山極頂。丙辰登金山，遊龍禪寺，又登焦山，遂駐蹕蘇州，遊無錫惠山。惠山，秦松齡、嚴繩孫、顧貞觀釣遊之鄉也。是時，顧貞觀方居里，容訪之於其家，與貞觀及姜宸英偕宿惠山忍草庵。（秦松齡《〈梁溪雜事詩〉自注》及《修竹吾廬隨筆》皆謂陳其年亦同宿庵中，按其年已卒於康熙二十一年，此處必誤。）庵右有貫華閣，容若嘗月夜與貞觀登閣第三層，屏從去梯，作竟夕談。容若詩有《桑榆墅同梁汾夜望》，即詠此時事。又嘗與品茗於惠山之松苓、蟹眼二泉。時容若年甫三十，丰采甚都。貞觀長性德十八歲，鬚鬢已蒼。兩人往來空山煙靄中，攜手相羊。人望之，疑為師若弟，而不知其為忘年交也。瀕行，為書貫華閣額，並留小像而去。容若卒後，貞觀奉其像於閣中。其後閣毀，像與題額皆亡。回述清帝南巡事。十一月車駕至江寧，自江寧回鑾，經泗水東境，遊泉林寺（相傳為「子在川上」處）。又至曲阜謁孔子廟，遂還京師。（本段除注明出處者外，餘採《東華錄》、《修竹吾廬隨筆》及楊壽楠《貫華閣叢錄》轉載劉繼增《成容若小傳》。）容若之扈駕出行，除上述各次外，又嘗至南海子、西苑、沙河、西山、五台山、醫巫閭山等處，其年時不詳。（徐乾學《墓誌銘》及韓菼《神道碑》）

容若自在環衛，益習騎射，發無不中。其扈蹕時，雕弓書卷，錯雜左右；夜則讀書，書聲與他人鼾聲相和（徐乾學《墓誌銘》）。出則「常佩刀隨從。……每導行在上前。騎前卻視，不失尺寸，遇事勞苦必以身先，不避艱險」（徐乾學《神道碑》）。或據鞍占詩，應詔立就，因得帝眷，白金文綺、中衣佩刀、名馬香扇、上尊御饌之賜相屬云（韓菼《神道碑》）。既還京，明年萬壽節，清帝親書唐賈至《早朝》七言律賜之。

月餘，令賦乾清門應制詩，譯御製《松賦》，皆稱旨。外庭僉言其簡在帝心，將有不次之遷擢，乃遽得疾，七日不汗，以五月三十日己丑，即西曆一六八五年七月一日卒，葬皂莢村。（杜紫綸《雲川閣詩集》，《〈登貫華閣詩〉自注》）容若既得疾，清帝使中官侍衛及御醫日數輩至第診治。時清帝將出關避暑，命以疾增減報，日再三。疾亟，親處方藥賜之，未及進而卒。清帝為之震悼。中使賜奠，恤典有加焉。容若卒前未及一旬，尚有《夜合花同梁藥亭、顧梁汾、吳天章、姜西溟作》之詩，蓋其絕筆矣。容若事親以孝稱，友愛弱弟，或出，遣親近傔僕護之，反必往視，以為常云。（以上未注出處者，據徐乾學《墓誌銘》）所生男子二，長名福哥；女子二。當容若卒時諸兒俱幼。（此據韓菼《神道碑》，徐《志》作女子一，不知孰是。）

容若既歿，徐乾學裒刻其遺著為《通志堂全集》，凡二十卷。卷一賦，卷二至卷五詩，卷六至卷九詞，卷十至卷十三《〈經解〉序》，卷十四雜文，卷十五至卷十八《淥水亭雜識》，卷十九至二十附錄墓誌銘、神道碑、哀詞、誄、祭文、輓詩、輓詞等。此書世希傳本，所知惟八千卷樓藏書中有之，今未得見。（上目錄乃據倫明萬叢山房叢書本《〈飲水詩詞集〉跋》）又韓菼所作《神道碑》，言顧貞觀、姜宸英曾為容若作《行狀》。今顧貞觀文無傳本，姜宸英集中復不載此狀，余亦未得見。他日若發現此狀及全集，其可以增補此文者當不少也。

容若遺物之流傳於後世者，以余所知有二：一為容若玉印。一面鐫繡佛樓，一面鐫鴛鴦館。曾藏武進費念慈（屺懷）所。（葉昌熾《〈藏書紀事詩〉注》）一為《天香滿院圖》，乃容若三十歲像。朱邸崢嶸，紅闌綠曲，老桂數株，柯葉作深黛色，花綻如黃雪，容若青袍絡緹，佇立如有所思，貌清癯特甚，禹鴻臚之鼎繪（沈宗畸《便佳簃雜志》），曾藏繆荃蓀（小山）所。今二物皆不知流落何所，記此以當訪問，聞圖有影印本，予亦未見。

容若贈貞觀詞，有「後身緣恐結他生裡」之句，歿後竟被附會而成一段神話。據《炙硯瑣談》所傳如下：

> 侍中（容若）沒後，梁汾旋亦歸里。一夕夢侍中至曰：「文章知己，念不去懷。泡影石光，願尋息壤。」其夜嗣君（謂貞觀子）舉一子，梁汾就視之，面目一如侍中，知為侍中身後無疑也。……月後，復夢侍中別去，醒起急詢之，已卒矣。

至《錫金識小錄》所傳，則愈歧而愈繁，謂：

梁汾家居，一夕，夢容若至曰：「吾來踐約矣。」厥明，報仲子舉一孫。梁汾心異之，視其生命，決其必夭，遂名之曰益壽。資甚聰穎，十一歲而殤。時梁汾居惠山積書岩，夜夢容若曰：「吾踐約為子孫，今去矣。家人不予棺而欲以席裹我，何待我薄也！」梁汾凌晨歸，而益壽已死。問家人，無席裹事。詢其母，曰有之，始死啟姑，將具木治棺，姑以兒幼，取肆中棺殮之。母以市棺薄，心恚，哭不如席裹也。

荒唐之言，錄之聊備掌故，亦以見容若與梁汾之友誼最足吸引後世文人之想像也。（上兩段據《貫華叢錄》引）

容若歿後一年，而查慎行（康熙間名詩人）來館明珠家，課其子揆敘，時年十三。又二年（康熙二十七年二月）明珠為御史郭琇所劾，革大學士職，交與領侍衛大臣酌用，賓客星散。尋授內大臣，後屢從征，雖無陟擢，亦無大躓，四十七年卒，年七十有四（國史館本傳）。揆敘則由康熙二十三年甲戌翰林，歷官翰林院掌院，位至副相（《敬業堂集》）。著有《益戒堂詩》前後集及《雞肋集》（《熙朝雅頌》卷六），今罕傳本。《熙朝雅頌》（卷六至卷七）載其六十九首，亦一時作者也。

康熙二十二年辛酉四月，查慎行再館明珠家。此時明府早已復興，賓客雲集，是時揆敘則「結束隨龍驤，腰懸八札弓。行逐楯梐郎……下筆尤老蒼。……貫穿及韓蘇，結撰卑齊梁。居然希作者，恥與時頡頏」。（《敬業堂集》卷十七《愷功將有塞外之遊，邀余重宿郊園，賦此志別》）蓋儼然一容若之仿影也。

明府另有別業，名自怡園，在海淀傍。此園經始於容若卒後一年，其勝也。

綺陌東西雲作障，畫橋南北草含煙。鑿開丘壑藏魚鳥，勾勒風光入管弦。　毬場車埒互相通，門徑寬閒五百弓。但覺樓台隨處湧，不知風月與人同。（《敬業堂集》卷十七《過相國明公園亭》）

又是一番豪華氣象矣。惟淥水亭則已荒蕪不治。是年四月，查慎行《淥水亭與唐實君話舊》詩云：

鏡裡清光落檻前，水風涼逼鷺鷥肩。菰蒲放鴨空灘雨，楊柳騎牛隔浦煙。雙眼乍開疑入畫，一尊相屬話歸田。江湖詞客今星散，冷落池亭近十年。（《敬業堂集》卷十七）

至於今，又二百四十四年矣。余讀書於清華園且七載，去玉泉山甚近，春秋暇日，恆有登臨，近始知淥水亭之址在是。然訪其遺跡，已渺不可得。空對西山之落照，弔此多情短命之詞人。

後記

此文寫成後，得讀清華大學朱保雄君《納蘭成德評傳》稿本。中據高士奇《〈蔬香詞〉題注》，考知容若生於順治十一年十二月十二日，可補本傳一大遺憾。又於容庚教授處得讀燕京大學羅慕華君《納蘭成德傳》稿本，其考容若世系及奉使索倫事，別有所據，視本傳加詳，惜未注明出處。待彼文發表後，讀者可按其所列參考書目復核之。余今未得羅君同意，無權力為此，亦無權力引錄其文也。（亦深望羅君見此文後，能將上述兩段錄寄，並注明出處，則讀者與作者當無限感幸。）更有一意外之獲，近從倫明先生處，得讀余數年來渴求而未得之《通志堂集》，喜可知矣。據此書可補正本傳之處甚多。會余將有遠行，他事相催，未及將本傳改作，茲將可採用之新資料之重要者分條寫列於後。（若遍檢高士奇著作，或更可得關於容若之資料，余今亦未能為是，附記於此，以待來者。朱保雄君又云，容若之弟除揆敘外，尚有一人，亦風雅士。一時未能檢得出處。盼其能檢出錄寄。）

（一）容若自鄉舉後與徐乾學往還甚密。徐序《通志堂集》云「自癸丑（時容若年二十）五月，始逢三、六、九日，（容若）黎明騎馬過余邸舍講論書史，日暮乃去，至為侍衛而止」。則徐氏於容若《墓誌銘》中，謂其「於余綢繆篤摯，數年之中，殆以余之休戚為休戚」者當非誇也。徐序又言：

容若病且殆，邀余訣別，泣而言曰：「性德承先生之教，思鑽研古人文字……執經左右，十有四年。先生語之以讀書之要，及經史百家源流，如行者之得路。然性喜作詩餘，禁之難止。今方欲從事古文，不幸遘疾短命。」

則容若之自然嗜好及其所受乾學之影響可知也。

（二）翁叔元《容若哀辭》（《通志堂集》卷十九）云：「壬子同舉京兆。……同舉之士百二十有六人，相與契合者數人而已。」此數人中，除叔元及韓菼（《本集》卷十三有與韓商榷《明文選》書；韓除為容若撰神道碑銘外，有祭容若文。）較接近者外，當尚有王鴻緒、徐倬、李國亮、蔣興芑、高琯。（《本集》卷十九附有諸人與翁、韓合祭容若文云：「吾儕同年幾人，蓋十二三年來離合聚散，亦間會興於寢門。」）叔元與容若過從尤密，其自述云：

明年（癸丑）或進士，余落第。君時過從，執手相慰藉，欲延余共晨夕。余時應蔡氏之聘不果就。是歲冬謂余曰：「子久客不一歸省墳墓，知子以貧故艱於行，吾為子治行。」於是余作客十五年，至是始得歸拜先人丘壠，館數椽居妻子，君之賜也。迨余丙辰幸登第留都門，往來逾密。君益肆力於詩歌、古文詞，時出以相示，邀余和，余愧不能也。亡何，君入為侍衛，旦夕弼丞，出入起居，多在上側，以是相見稀少，然時時讀君詩及所與朋友往還筆墨。（《通志堂集》卷十九）

（三）本傳據《葦間詩集》卷三，謂容若之識姜宸英當在康熙辛酉。

今據《通志堂集》卷十九附錄宸英祭文，知實在癸丑。祭文中，且述與容若結交之經歷，亦為極重要之傳記材料，採錄於下：

兄一見我，怪我落落，轉亦以此，賞我標格。人事多乖，分袂南還，旋復合併，於午未間。我蹶而窮，百憂萃止，是時歸兄，館我蕭寺。人之狺狺，笑侮多方，兄不謂然，待我彌莊。俯循弱植，恃兄而強。繼余憂歸，涕泣瀰瀰，所以腆賻，憐余不子。非直兄然，太傅則爾，趨庭之言，今猶在耳。何圖白首，復遄斯行，削牘懷槧，著作之庭。梵筵棲止，其室不遠，縱談良夕，枕席書卷。余來京師，刺字漫滅，舉頭觸諱，動足遭跌。見輒怡然，亡其顛蹶，數兄知我，其端非一。我常箕踞，對客欠伸，兄不余傲，知我任真。我時漫罵，無問高爵，兄不余狂，知余疾惡。激昂論事，眼瞪舌橋，兄為抵掌，助之叫號。有時對酒，雪涕悲歌，謂余失志，孤憤則那。彼何人斯，實應且憎，余色拒之，兄門固扃。充兄之志，期於古人，非貌其形，直肖其神。在貴不驕，處富能貧，宜其胸中，無所厭欣。忽然而夭，豈亦有云。病之疇昔，信促余往，商略文選，感懷悽愴。梁（佩蘭）、吳（雯）與顧（貞觀），三子實來，夜合之詩，分詠同裁。詩墨未乾，花猶爛開，七日之間，玉折蘭摧。

（四）容若與顧貞觀之交誼，據顧之祭容若文（《通志堂集》卷十九），有可補記者如下：

屈指丙辰，以迄今茲。十年之中，聚而復散，散而復聚，無一日不相憶，無一事不相體，無一念不相注。……吾母太孺人之喪，三千里奔訃，而吾哥（容若）助之以麥舟。……每戇言之數進，在總角之交，尚且觸惡忌於轉喉，而吾哥必曲為容納。洎讒口之見攻，雖毛里之戚，未免致疑於投杼，而吾哥必陰為調護。此其知我之獨深，亦為我之最苦，豈兄弟之不為友生，至今日而竟非虛語。又若爾汝形忘，晨夕心數，語惟文史，不及世務。或子衾而我覆，成我觴而子舉。君賞余彈指之詞，我服君飲水之句。歌與哭總不能自言，而旁觀者更莫解其何故。又若風期激發，慷慨披露，重以久要，中其積素。吾哥既引我為一人，我亦望吾哥以千古。他日執令嗣之手而謂余曰：「此長兄之猶子。」復執余之手而謂令嗣曰：「此孺子之伯父也。」……吾哥示疾前一（？）日，集南北之名流，詠中庭之雙樹。余詩最後，讀之鏗然，喜見眉宇，若惟恐不肖覩之落人後者。

（五）容若與嚴繩孫及秦松齡之交遊，據二人合作之祭文（《通志堂集》卷十九），有可補記者如下：

繩孫客燕，辱兄相招。松齡客楚，惠問良厚。謂嚴君言，子才可取，雖未識面，與子為友。無可相見，去年冬暮，今歲春殘，繩孫奉假，齡則去官。（繩孫以是年四月請假出都，詳於其容若哀詞。則「去年冬暮」之別指松齡也。）……別來無幾，思我實深。兩奉兄書，見兄素心。

（六）梁佩蘭祭容若文（《通志堂集》卷十九）亦有傳記材料可採者如下：

我離京師，距今（康熙乙丑）四年，此來見公，歡倍於前。留我朱邸，以風以雅，更築閒館，淥水之下。仲夏五月，朱荷繞門，西山飛來，青翠滿軒。我念室家，南北萬里，不能即歸，暫焉依止。公為相慰，至於再三，謂我明春，同出江南。公昨乞假，恩許休沐，靜披圖史，閒聆絲竹。頃復入侍，上臨乾清，諭以奏賦，振筆立成。……四方名士，鱗集一時，塤篪迭唱，公為總持。良宵皓月，更賦夜合，或陳素紙，或倚木榻。陶觴抒詠，其樂洋洋。（集卷十三有《〈淥水亭宴集詩〉序》，以駢儷出之，無傳記材料，今不錄。）

（七）康熙辛酉，吳漢槎自塞外歸，容若即延館其家。《通志堂集》卷十四《祭吳漢槎文》中云：

皂帽歸來，嗚咽霑巾。我喜得子，如驂之靳。花間草堂，月夕霜辰。未幾思母，翩然南棹。……中得子訊，臥痾累月。數寄尺書，促子遄發。授館甫爾，遂苦下洩。兩月之間，遂成永訣。

漢槎弟兆宣能文，亦館容若家。有祭容若文，見《通志堂集》卷十九。

（八）劉繼增《成容若小傳》（見本傳引）記康熙甲子容若扈駕過無錫，與顧貞觀、姜宸英、陳其年偕宿惠山忍草庵，又與貞觀徜徉山中。嘗偕登貫華閣，屏從去梯，作竟夕談。前已考，知其年草率，所記可疑。今讀《通志堂集》卷十三《與顧梁汾書》云：「扈蹕遄徵，遠離知己。若留北闕，僕逐南云。」則是時貞觀實不在里。劉傳所記，皆子虛也。考劉君及其前人所以致誤者，蓋彼等以容若有《桑榆墅同梁汾夜望》詩，又貞觀《彈指詞》注有「憶桑榆墅有三層小樓，容若與余昔年乘月去梯處」之語，因以為貞觀所謂「桑榆」乃指其故里，而桑榆墅之小樓乃指貫華閣也。不知桑榆墅乃一專名，容若詩題可證。其所在雖不可考，今按容若致梁汾書，可決其非貫華閣也。容若扈駕南巡時與梁汾一段故事，二百餘年來成為文學史上佳話，播於吟詠，施於畫圖，且構成貫華閣古跡上之重大意義，不謂今乃得知其幻。（惟容若登貫華閣留像額題事，則有後人見證可信。）深望世之與貫華閣有關係者，更正前誤，揭於閣中，使後來登臨憑弔者得知其實。雖足以減卻彼等之詩意與歷史興趣不少，然真理終屬可愛也。

容若在南巡期內創作頗多，有《金山賦》、《靈岩賦》。詩有《泰山》、《曲阜》、《江行》、《聖駕臨江賦》、《江行》、《江南雜詩》、《秣陵懷古》、《金陵》、《病中過錫山》等作。詞有《虎頭詞》（憶江南）

十一首。附記於此。

（九）梁任公嘗跋容若《淥水亭雜識》（見中華本《飲冰室文集》卷七十七）盛稱道之。余囊草本傳，以未得見其書為憾。傳成後，朱保雄君告余，《昭代叢書》中有之。因循未及覓閱，旋得《通志堂集》中有之，凡五集，自序云：

> 癸丑病起披讀經史，偶有管見，書之別簡。或良朋蒞止，傳述異聞，客去輒錄而藏焉。逾三、四年遂成卷，曰《淥水亭雜識》。

蓋十九至二十二三歲時所作也。是書以考古跡、論述古事古制佔大部分，論文學次之，記異聞及感想又次之。茲據大書，參以集中他文，可考見容若之文學見解與普通思想。其論詩歌以性情為主，以「才」、

「學」為用，以比興與造意為最高技術，以模仿為初步，而以「自立」為終鵠，而力斥步韻之非。其論性情與才學之關係也，曰：

詩乃心聲，性情之事也，發乎情止乎義，故謂之性。亦須有才乃能揮拓，有學乃不虛薄杜撰，才學之用於詩者如是而已。昌黎逞才，子瞻逞學，便與性情隔絕。

其論比興也，曰：

雅頌多賦，國風多比興。楚詞從國風而出，純是比興，賦義絕少。唐人詩宗風騷多比興，宋詩比興已少。明人詩皆賦也，便覺腐板少味。

容若所謂比興，略即今日所謂明喻與暗喻。其論造意也，曰：

古人詠史，敘事無意，史也，非詩矣。唐人實勝古人，如「江流石不轉，遺恨失吞吳」，「武帝自知身不死，教修玉殿號長生」，「東風不假周郎便，銅雀春深鎖二喬」，「此日六軍同駐馬，當時七夕笑牽牛」。諸有意而不落議論故佳，若落議論，史評也，非詩矣。

又曰：

唐人詩意不在題中，亦有不在詩中者，故高遠有味，雖作詠物詩，亦必意有寄託，不作死句。……今人論詩惟恐一字走卻題目，時文也，非詩也。

其論模仿與自立也，曰：

詩之學古，如孩提不能無乳姆也。必自立而後成詩，猶之能自立然後成人也。明之學老杜、學盛唐者，皆一生在乳姆胸前過日。

其《原詩》一篇（《本集》卷十四）闡此説尤詳盡痛快。文繁不引，其斥步韻之敝也，曰：

今世之為詩害者，莫過於作步韻詩。唐人中晚稍有之，宋乃大盛，故元人作《韻府群玉》，今世非步韻無詩，豈非怪事？詩既不敵前人，而又自縛手臂以臨敵，失計極矣。愚曾與友人言此，渠曰：「今以止是作韻，那是作詩？」此言利害，不可不畏。若人不戒絕此病，必無好詩。

凡此固不盡容若之創説，而其中允當透闢，後之論詩者莫之能易也。

容若之文學史觀，尤卓絕前人，彼確有見乎「時代文學」之理，故曰：

自五代兵革，中原文獻凋落，詩道失傳，而小詞大盛。宋人專意於詞，實為精絕。詩其塵飯塗羹，故遠不及唐人。

又曰：

曲起而詞廢，詞起而詩廢，唐體起而古詩廢。作詩欲以言情耳，生乎今之世，近體足以言情矣。好古之士，本無其情，而強效其體，以作古樂府，殆覺無謂。

明乎詞曲之為新體詩，明乎復古之無謂，此實最「近代的」見解。近代自焦循、王國維，以至胡適之文學史觀，胥當以容若為祖也。其論詞之演化，亦極精絕。其言曰：

花間之詞，如古玉器，貴重而不適用。宋詞適用而少貴重。李後主兼有其美，更饒煙水迷離之致。詞雖蘇、辛並稱，而辛實勝於蘇。蘇詩傷學，詞傷才。

容若少篤好《花間詞》（《本集》十三《致梁藥亭書》），為此言，見解已有轉變，至更趨於成熟矣。

容若於詩詞之選集，亦有獨見。朱彝尊《詞綜》出，容若《與梁藥亭書》（同上）論之曰：

> 近得……《詞綜》一選，可稱善本。聞錫鬯所收詞集，凡百六十餘種，網羅之博，鑒別之精，真不易及。然愚意以為吾人選書，不必務博，專取精詣傑出之彥，盡其所長，使其精神風致，湧現於楮墨之間。每選一家，雖多取至什至佰無厭，其餘諸家，不妨竟以黃茅白葦，概從芟薙。僕意欲有選如北宋之周清

真、蘇子瞻、晏叔原、張子野、柳耆卿、秦少游、賀方回，南宋之姜堯章、辛幼安、史邦卿、高賓王、程巨夫、陸務觀、吳君持、王聖與、張叔夏諸人。多取其詞，彙為一集，餘則取其詞之至妙者附之，不必人人有見也。

容若於此書中已具道有志於詞之選集，徐乾學謂容若「自唐五代以來諸名家詞皆有選本」（見本傳引），其言必不虛。今其書不可見，惟讀上引其文，可窺見其選擇之標準，與所選之人物焉。

容若又嘗與顧貞觀同選《今詞初集》二卷，錄同時人自吳偉業至徐燦女士凡百八十八家。書有魯超序，作於康熙十六年。此書今存，余於倫明先生處得見之。

以上述容若之文學見解，並附記其選業竟。

本傳中引容若以趙松雪自況之詩，中有云「旁通佛老言，窮探音律細」，蓋非虛語。《雜識》中數談音樂，且涉佛道之書。容若於佛、道二家有極開明之「近世的」態度，謂：

三教中皆有義理，皆有實用，皆有人物。能盡知之，猶恐所見未當古人心事，不能伏人。若不讀其書，不知其道，惟恃一家之說，衝口亂罵，只自見其孤陋耳。昌黎文名高出千古，元晦道統自繼孔孟，人猶笑之，何況余人？大抵一家人相聚，只說得一家話，自許英傑，不自知孤陋也。讀書貴多、貴細，學問貴廣。開口提筆，駟馬不及，非易事也。

梁任公評之曰：「可為俗儒辟異端者當頭一棒。翩翩一濁世公子有此器識……使永其年，恐清儒中須讓此君出一頭地。」（《〈淥水亭雜識〉跋》）其言蓋無溢美也。

容若亦與緇徒往來，共作哲理談。《與某上人書》（《本集》十三）云：

> 昨見過，時天氣甚佳。茗碗熏爐，清談竟日。……承示萬法歸一，一歸何處？令僕參取。時即下一轉語曰：「萬法歸一，一仍歸萬。」此僕實有所見，非口頭禪也。……自有天地以來，有理即有數。數起於一，一與一對而為二，二積而成萬。凡二便可見，一便不可見，故乾坤也，陰陽也，寒暑也，晝夜也，呼噏也，皆可見者也。一者何？太極也。……吾儒太極之理，即在物物之中，則知一之為一，即在萬法之中。竺氏亦知所謂太極者。彼誤認太極為一物，而其教又主於空諸所有，並舉太極而空之，

所以有一歸何處之語。……求空而反滯於有，不如吾道之物物皆實，而聲臭俱冥，仍不礙於空也。

此雖幼稚之言談，然可見容若之好思，而智力的興趣之廣也。容若對於當時西方耶穌會教士所傳入之異聞奇藝，亦頗留意。《雜識》中屢及之，嘗言「西人取井水以灌溉，有恆升車，其理即中國風箱也」。其巧悟有如此。

（十）容若詞集先後至少有四種原刻本。其一為《側帽詞》，刻於康熙十七年戊午以前。其一為《飲水詞》，顧貞觀以是年刻於吳下，皆詳本傳。今《榆園叢刻》本似即據康熙戊午本而增輯者。觀其所冠序文及排列次序而可見。（此本卷四以前，以詞之長短為次。最短者在前，而《憶江南》小令乃在卷五。此諸詞如考定為作於戊午後，似前四卷為戊午原本，而卷五以下則為後來增輯者。）其一為張純修（容若詩詞題注中之張見陽即其人）所裒刻之《飲水詩詞集》本。張序記時在「康熙（三十年）辛未秋」。其一為徐乾學《通志堂集》本，嚴繩孫序記時在「康熙三十年秋九月」。故二本之先後不易定。嚴氏《〈通志堂集〉序》云「今健庵先生已綴輯其遺文而刻之」，似其時書尚未刻成。而張氏《〈飲水詩詞集〉序》云「既刻成，謹此筆而為之序」，似《飲水詩詞集》成於《通志堂集》之前。今《粵雅堂集叢書》本及萬松山房本《飲水詩詞集》，即以張純修刻本為祖者也。除第一次刊本不可考外，其餘三本中以張刻本所收詞為最多，羨於榆園本兩首。《通志堂集》本最少，僅三百首。《通志堂集》本與張純修本次序既相同，其本文除一二字之變異外，亦大體相同；惟以之較榆園本，不獨次序不同，其本文亦恆有一句以上之差異。《萬松山房叢書》中之翻張刻本書題下有「錫山顧貞觀閱定」一行，而張序亦云「此卷得之梁汾手授」，疑其不同者，由於貞觀之得容若同意而點改者。即康熙戊午亦非不經貞觀等點改者，觀顧序謂「與吳君薗次共為訂定」而可證。今日欲觀容若詞在被點改前之本來面目，蓋無從矣。予確信榆園本之來源為較早，他日若編校納蘭詞，凡可依此本者皆依之，庶幾所失本來面目者較少焉。

（原載《學衡》第七〇期，一九二九年七月）

責任編輯　梅　林
封面設計　霍明志
責任校對　江蓉甬
排　　版　高向明
印　　務　馮政光

書　　名　納蘭成德
叢 書 名　大家歷史小叢書
作　　者　張蔭麟
出　　版　香港中和出版有限公司
Hong Kong Open Page Publishing Co., Ltd.
香港北角英皇道四九九號北角工業大廈十八樓
http://www.hkopenpage.com
http://www.facebook.com/hkopenpage
http://weibo.com/hkopenpage
Email:info@hkopenpage.com
香港發行　香港聯合書刊物流有限公司
香港新界荃灣德士古道二二〇－二四八號荃灣工業中心十六樓
印　　刷　美雅印刷製本有限公司
香港九龍官塘榮業街六號海濱工業大廈四字樓
版　　次　二〇二二年三月香港第一版第一次印刷
規　　格　三十二開（128mm × 188mm）八十八面
國際書號　ISBN 978-988-8763-96-2